ESSAI

SUR LA

POLITIQUE COLONIALE

PAR

M. BARBIÉ DU BOCCAGE

ÉVREUX

IMPRIMERIE DE CHARLES HÉRISSEY

—

1885

ESSAI

SUR LA

POLITIQUE COLONIALE

PAR

M. BARBIÉ DU BOCCAGE

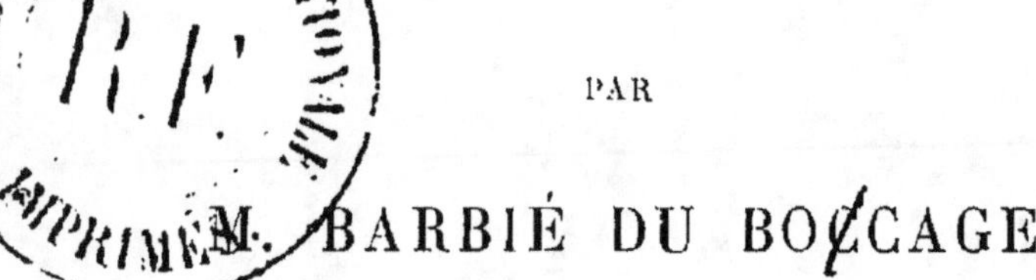

ÉVREUX

IMPRIMERIE DE CHARLES HÉRISSEY

—

1885

ESSAI

SUR

LA POLITIQUE COLONIALE

Les personnes qui prennent part aux événements qui se produisent dans le monde me permettront de leur exprimer un sentiment qui, jusqu'ici, m'a empêché de m'occuper de politique : c'était le désir d'apprendre le fond de ce qui se passait avant d'y répondre. Je laissais à d'autres le soin de s'en occuper de suite et d'émettre immédiatement leurs pensées. Dans le principe, je ne cherchais à profiter de mes travaux qu'au point de vue de la morale générale ; mais aujourd'hui, les rapports des hommes qui s'occupent de politique, avec le public, se passent de telle façon que j'ai peur que la masse ne soit pas sérieusement renseignée et je sens, qu'on me le pardonne, le besoin d'élever la voix. J'affirme que je n'ai qu'une ambition : dire ce que je crois vrai.

On fait un tel éloge des choses que je réprouve, que je craindrais de faire douter de mon patriotisme si, me taisant, je paraissais d'accord avec ceux qui les soutiennent.

Il me semble, et j'en demande pardon à bien des gens, qu'on a faussé absolument la science des rapports internationaux. On croit aujourd'hui parler des affaires politiques en indiquant le résultat auquel tel petit fait, telle découverte ou tel caractère doivent conduire. On cherche la manière d'en tirer son profit, comme le ferait un banquier qui, après une affaire lui ayant rapporté de l'argent, ne se préoccupe nullement de l'effet que son bénéfice aura sur d'autres particuliers. Le lendemain, il fera les mêmes actes sans penser à l'ensemble de ses actions ; mais, en politique, il faut se soucier de tout ce qui entraîne une série d'événements élevant ou rabaissant un pays. Il faut se souvenir qu'avec un acte qu'on regarde comme médiocrement important, mais fructueux pour celui qui l'émet, on peut enfanter de terribles ruines, et qu'un jour la patrie en demandera peut-être compte à ceux qui les auront faits.

On pourrait, dans cette idée, frapper sur bien des points ; mais il en est un qui intéresse tout particulièrement ; c'est la politique coloniale. Permettez-moi de vous en entretenir un moment.

En France, dans l'époque actuelle, on a commencé à s'occuper de ces questions en prenant un pied tout puissant dans la Tunisie. La conquête de ce pays était une chose profitable. Elle mettait entre nos mains des ports de mer utiles à notre marine, et un territoire assurant tellement la sûreté de l'Algérie que, dans la dissolution future de l'empire turc nous aurions été forcés de nous en emparer. De quels prétextes, de quels moyens s'est-on servi pour arriver à ce résultat, je n'ai pas à m'étendre ici sur ce sujet ; mais cette augmentation de notre colonie algérienne est si précieuse que nous devons faire tous nos efforts pour qu'une civilisation semblable à la nôtre y soit établie et que la loi, encore un peu sauvage, du Grand Turc, n'y règne plus.

Peu de temps après cette conquête, nous étions, à l'époque où l'Angleterre qui, auparavant, avait pris tout doucement l'île de Chypre, se brouillait volontiers avec la population de l'Egypte. Elle voulait se venger de notre prise de possession de la Tunisie, contre-partie de Chypre, en établissant sa puissance dans ce pays. C'était un peu jeune de la part d'une aussi grande puissance et, pour elle, la question devint vite ce qu'elle devait être, c'est-à-dire critique. Un moment elle trembla, hésitant à croire à une victoire définitive ; elle ne se sentit plus des forces suffisantes et en chercha pouvant venir à son secours. C'est à nous Français qu'elle semble s'être adressée. Elle nous demanda de l'aider dans cette guerre et de lui fournir les forces qui lui manquaient.

Dans ce moment-là, nous avions une grande chance de faire une politique heureuse ; mais c'était à une condition, que notre gouvernement n'a nullement saisie. Nos hommes d'Etat devaient se dire : Si demain les Egyptiens savent qu'une armée française va débarquer derrière eux, ils ne se soucieront pas d'être pris entre deux feux, et la guerre sera finie.

Notre ministre des affaires étrangères devait alors et bien malheureusement il ne l'a pas fait, ajouter à cette entrée en jeu : Nous promettons notre secours à l'Angleterre. Nous ne regarderons pas au pouvoir nouveau, réglé par rapport aux intérêts commerciaux qu'elle va prendre ; mais c'est avec les conditions suivantes : Pour qu'aucune nation ne vienne à l'encontre de nos décisions, pour que la puissance orientale soit la nôtre à tous deux, le passage de l'isthme de Suez sera reconnu international ; vous nous laisserez occuper sur la côte d'Afrique un port où la marine française puisse faire une escale utile et, à partir d'aujourd'hui, vous abandonnerez toute immixtion dans ce qui regarde l'île de Madagascar.

Un moment l'Angleterre eût consenti ; un mot de nous suffisait pour l'obtenir. Nous nous serions trouvés, avec la Tunisie et Madagascar, propriétaires de colonies libres pour leurs abords, ni dépendantes, ni voisines de personne et qui nous auraient permis de ne regretter ni Chypre, ni l'Egypte. Par Madagascar, c'était la mer des Indes dont nous devenions les maîtres à l'égal de l'Angleterre ; c'était de plus un territoire dans le centre duquel les Européens peuvent parfaitement habiter et une colonie qui nous ouvre, en définitive, quinze cents lieux de la côte orientale d'Afrique et le commerce du bassin du Zambèze.

Nous avions alors à Madagascar une possession telle, qu'imitant l'aigle défendant son nid, nous n'avions qu'à ouvrir le bec et à préparer les ongles de nos pattes pour qu'aucune nation n'essaye de nous la ravir.

Les gens qui nous gouvernent, ne sachant pas, n'ont pas proposé cela. Ils sont restés dans l'indécision. L'Angleterre n'a certes pas été davantage au-devant d'eux. Au lieu de l'acier, elle a mis de l'or dans ses canons, et sa victoire à suivi cette nouvelle méthode.

Nos ministres, un peu plus tard, ne sachant pas pourquoi ils n'avaient pas fait ce qu'ils devaient faire, ont attaqué lentement, trop lentement Madagascar. Au lieu d'y envoyer de suite un corps d'armée puissant qui prenant d'abord le port inimitable de Diègo Suarez, eût bondi, à la suite des sauvages Hovas, de Majunga aux terres élevées de Tananarive, pour créer dans ces contrées saines et fertiles, une forteresse, clef de l'île tout entière ; ils ont mis quelques marins ou soldats sur la côte où la fièvre en prend plus que ne pourrait le faire une campagne sérieuse. Pendant ce temps, les Anglais, les Américains et peut-être d'autres nations, font parvenir aux Hovas, dans le centre de Madagascar, les moyens de nous résister un jour.

Nous avons fait là de la singulière politique coloniale ! C'est bien triste, et le succès n'en sera pas le prix !

Dans ce que j'ai à dire, je laisse de côté la côte occidentale d'Afrique ; mon plaidoyer serait trop long. Nous y aurons de petits échelons coloniaux isolés par les puissances amies, jusqu'au jour où, ce voisinage en faisant des ennemis, ils essayeront d'élargir leur territoire. Non, je ne puis, je le répète, parler de cela ; mon travail ennuyerait trop longtemps ; mais ce sur quoi je crois devoir communiquer ma pensée : c'est sur le Tonkin.

A prendre la Cochinchine et à fixer à Saïgon le centre de son gouvernement colonial, on pouvait espérer un assez bon résultat : c'était d'empêcher d'autres d'y prendre pied, et d'essayer d'en faire tout doucement un foyer de civilisation, c'est-à-dire de répandre, sur les populations voisines, des mœurs douces, agricoles, commerciales ; mais jamais militaires et toujours chrétiennes. La religion, dans ce cas-là est infiniment supérieure à l'artillerie. Elle est plus longue pour arriver à son effet souhaité ; mais, à pareille distance de la mère-patrie, à côté de 450 millions de Chinois, d'Annamites, de Laos, etc.

elle est plus sûre ! Près de ce bon système, il y en a un mauvais aussi, c'est que la défectuosité de ce projet sur le Tonkin tient surtout à ce que ne se contentant pas de l'occupation d'un port important, on voulut posséder le territoire entier, c'est-à-dire envoyer à des milliers de lieues de chez soi, au centre de mille obstacles, une armée portée par une grande flotte ; surtout quand le pays qu'on veut prendre se compose de rizières humides, qu'en tous sens traversent les arroyos, et qui, la nuit, sous les tropiques, laisse échapper ces brouillards malsains dont la fièvre et la dysenterie sont les résultats. En Cochinchine on ne peut pas, comme à Madagascar, se protéger en gravissant les montagnes.

Tout cela du moins aurait dû, depuis quatre ans, donner de l'expérience à nos hommes d'Etat, mais n'ayant jamais travaillé dans ce sens, naturellement ces pensées ne leur sont pas venues.

Au mois de février 1883, pendant la session de la Société des agriculteurs de France, dans une séance où nous étions à peu près trois cents, plusieurs membres, dont je n'ai pas à dire les noms, reconnaissant que je m'occupais de géographie, sont venus me trouver ; et, après un assez long plaidoyer particulier, fait avec leurs cartes et plans à la main, ils m'ont demandé si je ne soutiendrais pas, devant la Société, leur idée de s'étendre très sérieusement dans le delta du Tonkin, d'accaparer ainsi tout le

*

commerce du fleuve Rouge en y conduisant, pour solder les marchandises exportées, certains produits de l'agriculture et de l'industrie françaises. Je ne m'étais jamais occupé de cette question ; mais ce qu'ils me présentèrent, non seulement ne me séduisit pas, mais même m'irrita. Je refusai de prendre la parole en faveur de leur projet.

Un instant après, ils montèrent à la tribune, y exposèrent leur désir et firent tout ce qu'ils purent pour captiver l'esprit des auditeurs. De plus en plus étonné de ce qu'il y avait de fautif dans leurs ambitions coloniales, je montai à la tribune après eux.

Je m'excusai de venir là, sans avoir spécialement rien fait, rien étudié et je dis aux auditeurs : Je vous exprime ici ce que je ressens à propos des propositions qui vous sont faites par les honorables préopinants. Ils poussent à ce que nous prenions possession du Tonkin tout entier ; mais ils ne savent donc pas ce qu'ils demandent. Il va falloir envoyer là, à peu près à trois mille cinq cents lieues, une flotte portant une armée considérable ; et il faudra qu'elle traverse la Méditerranée, la mer Rouge, les golfes d'Oman et du Bengale, vienne doubler la presqu'île de Malacca et remonte les mers de la Chine jusqu'à la hauteur de l'île de Haïnan, c'est-à-dire que nos navires vont braver tout le long du chemin les moussons et les typhons. Ces quelques milliers d'hommes, nous allons risquer leur vie en les attirant dans un pays qui, comme tout l'empire d'Annam, est plus ou moins vassal de quatre cents millions de Chinois. Ces voisins n'étaient pas à craindre quand ils ne représentaient plus qu'une civilisation morte ; mais, à l'heure actuelle, pour bénéficier du commerce avec eux, nous, Français, depuis la prise de Pékin sous le dernier Empire, les Anglais depuis l'affaire de l'opium, les Allemands et les Américains pour gagner quelque chose, leur ont apporté mille objets qu'ils ne connaissaient pas.

Pour lutter dans la concurrence qu'elles se faisaient mutuellement, les nations leur ont même vendu ce qu'il leur fallait pour se défendre. Nous avons été jusqu'à leur fournir, pour leurs troupes ou leurs marins, des instructeurs parfaits ; nous avons même permis que beaucoup d'entre eux viennent s'instruire en Europe et en Amérique et, lorsque tout cela se multiplie par 400 millions, qu'allons-nous faire dans cette galère avec cinq, dix, vingt, trente mille hommes. Or, 30,000 hommes au Tonkin, c'est une ruine et de sang et d'or. De plus, si nous obtenons le moindre succès, nous allons rencontrer l'Angleterre, et, pour aller dans l'extrême Orient, il nous faut passer à Suez, puis devant Aden, à Ceylan, à Malacca, et cette puissance a déjà cinq grandes stations dans les mers de la Chine. Il n'y a qu'une seule manière de nous faire pardonner par les puissances civilisées, c'est, si jamais nous sommes vainqueurs, de laisser, dans ce pays devenu le nôtre, la liberté du commerce. Ainsi, nous aurons fait les frais et nos concurrents auront le bénéfice. Je voyais dans cette affaire du Tonkin une perte inouie pour la France et l'abandon insensé de Madagascar.

Cela dit, j'ai quitté la tribune en demandant un vote sur la proposition de mes adversaires et, sur mon opposition au sujet de cette proposition, on a voté : l'unanimité a été pour moi !

La proposition dont il s'agit m'a semblé si peu défendable dans leur sens, que je ne m'en suis pas inquiété davantage. Je ne sais ce qui s'est passé, mais on n'a guère, depuis, parlé de cette discussion ; on a fait absolument comme si elle n'avait pas existé. Il y avait là un grand service à rendre à notre pays, on ne l'a pas fait. Je l'ai regretté d'autant plus que, trois mois après, mon ami d'enfance, le commandant Henri Rivière était tué là, comme Garnier l'avait été jadis. C'étaient les premiers coups de cloche de la révolte chinoise. Malheureusement la corde qui l'a fait vibrer, cette cloche, est trop bonne et trop longue. Elle a déjà sonné le glas de près de dix mille hommes, de l'amiral Courbet, d'une somme de plus d'un milliard et s'apprête à sonner encore.

On a attaqué les conservateurs dont la voix du cœur est essentiellement l'expression de ce qu'on peut dire dans l'intérêt de la France. Ces derniers ont bien le droit, à leur tour, de parler du vrai système colonial, de celui qui ne nous fait pas jeter notre sang et notre argent ; ils refuseraient de prendre leur part de ce qu'on a fait au Congo et autant au moins de ces chemins de fer encore absolument inutiles du Sénégal en Algérie, dont, s'il faut en croire les nouvellistes, le matériel à ramener coûterait plus cher que d'en acheter un neuf. Ils voudraient, ces conservateurs, quelques établissements coloniaux utiles et sérieux où personne n'essaie de vous gêner et dont l'ensemble fait un vrai fond de grande puissance. Sur cette ligne du sud-est, avec l'Algérie, la Tunisie, Madagascar, quelques îles détachées situées sur les grandes voies commerciales du monde et quelques ports solides, tel que fut jadis Macao pour les Portugais et aujourd'hui Aden pour les Anglais, voilà ce que nous pouvions et devions désirer.

Mais, dans l'état gouvernemental actuel, on ne sait ni ne comprend plus rien de ce qui est dans l'intérêt de la France. Quelques étrangers donnent cependant des exemples. Jadis les Hollandais prétendaient que l'île de Bornéo leur appartenait. Les Anglais ont laissé, ou même en dessous main, singulièrement favorisé, un des leurs, qui forma, il y a au moins vingt ans, un établissement ordinaire et particulier sur la côte nord-ouest de cette île. Après un certain temps de séjour, ce citoyen de la Grande-

Bretagne ayant étendu sa possession, fit céder, à l'ombre du drapeau britannique, moyennant quelques bouteilles d'eau-de-vie, par les chefs indigènes, des territoires voisins. La Hollande l'apprenant trop tard et se sentant blessée voulut intervenir ; mais l'Angleterre lui dit, bien doucement, la main sur son épée, que la côte où l'Anglais avait pris pied était déserte, qu'il n'avait donc dérangé personne ; que du reste les indigènes avaient reconnu son drapeau comme celui de la Hollande et qu'elle se trouvait là au même titre qu'eux. La lutte ne leur était pas possible : les Hollandais cédèrent.

Cette manière de voir les affaires coloniales n'est pas la seule chose curieuse à examiner : les Anglais, qui ont si bien pris Chypre, ont jugé dernièrement que, dans le monde, il leur fallait encore d'autres possessions, mais que, si elle les prenait elle-même, l'Europe allait se récrier. Aussi les Australiens qui faisaient particulièrement une bonne œuvre dans leur intérêt propre, descendirent-ils un beau matin de leurs navires, sur la côte sud de l'île dite : Nouvelle-Guinée. Cette terre immense que le détroit de Torrès, passage forcé pour presque tous les rapports entre le Nord-Ouest et le Sud-Est du monde, sépare seul de l'Australie, leur était très sympathique. Peu de temps après, on apprit en Europe que l'Allemagne venait de rendre là-bas aux Australiens ce que les Anglais avaient fait aux Hollandais à Bornéo ; ils s'étaient fait concéder, dit-on, je ne puis cependant l'affirmer, mais je le comprends parfaitement, un territoire sur la côte Est de la même Nouvelle-Guinée. Cette côte se trouve en face des îles beaucoup plus petites mais belles encore qu'on appelle : la Nouvelle-Bretagne et la Nouvelle-Irlande. C'est entre ces deux nouvelles possessions, ce qui les rend si précieuses, que se trouve la route qui de l'Australie orientale conduit aux îles Philippines et en Chine ; c'est-à-dire un détroit destiné à devenir un des plus fréquentés, le jour où la civilisation sera répandue en Océanie et dans l'Est de l'Asie. Le lieu dit : port Breton, le commande, et un homme, que je ne connais pas, avait compris l'importance de cette possession. Il avait voulu prendre ces îles qu'il aurait un jour cédées à la France ; nos ministres, j'aime à le croire pour eux, ne l'ont pas compris ; mais le prince de Bismarck, étonné, a fait naturellement comme les chats : il a mis sa griffe dessus et les garde pour les manger un jour.

Ah ! qu'elle est triste et bien triste, l'histoire coloniale de la France où toute chance est perdue, absolument perdue, parce que, dans les gouvernements de notre pays, ceux qui y décident n'en savent pas le premier mot et que leur seule raison est une chose qui ne regarde en rien les colonies, mais qui, par incidence, les perd.

Certains étrangers ne sont pas comme nous, ils ne

font pas sottises sur bêtises. Leurs diplomates sont les fils, les arrière-petits-fils de diplomates. Leurs pères, qui tiennent cela de tradition, leur apprennent ce à quoi ils doivent consacrer leur vie et les fils ou petits-fils mènent juste à ce que leurs pères ont projeté. A la place de nos dirigeants, ces diplomates diraient, j'en suis certain : « Madagascar est sur le tapis depuis 1642. c'est bien le moins qu'en 1885 on arrive à une conclusion facile et bonne. » « Pour le Tonkin, penseraient-ils, c'est autre chose. Si Louis XIV eût des rapports avec les Annamites, si leurs forts sont construits sur les modèles de Vauban, c'est que le grand roi, dirigé par Colbert et d'autres, pensait qu'il fallait, au lieu de lutter contre les rois de l'empire d'Annam ou du Cambodge, s'en faire des amis. Par l'importance facilement donnée à quelques-uns de ces Asiatiques, il dut sentir qu'il annulait les autres au moins pour un certain temps. Il enlevait ainsi l'Indo-Chine fortifiée à l'empire chinois. » Nos hommes d'État, au contraire, en attaquant ces mêmes princes, les donnent au fils du Ciel. La manière de comprendre l'art colonial nous fait aujourd'hui autant d'ennemis qu'elle touche de monde.

Il y avait peut-être une autre manière de réussir et qui ne nous eût pas procuré la guerre désastreuse d'aujourd'hui : c'était d'imiter en Indo-Chine ce que les Anglais ont exécuté en Chine. De se faire donner à l'embouchure des fleuves deux ou trois

places presque sans territoire, mais marchés forcés de
de toutes les transactions commerciales. Non seulement les négociants indigènes du fleuve Rouge,
par exemple, étaient obligés de venir dans ces établissements, mais ils y amenaient tout ce que le
pays produit et, d'accord avec notre autorité, ils
pouvaient ne remporter, dans tout le bassin du
fleuve, que des marchandises françaises. Dans les
villes dont il s'agit, on se posait en ami des partis
différents qui nous les avaient concédées. On les
aidait, on les favorisait et c'était les populations,
qui nous sont aujourd'hui hostiles, divisées en
deux ou en dix. On cherchait à répandre sur eux la
civilisation saine, telle que la religion chrétienne,
l'édite. C'était là, pour l'avenir, la vraie base de
notre puissance. Avec quelques millions d'Annamites civilisés et chrétiens, que seraient devenus les
quatre cents millions de Chinois ?

Enfin, ce que l'on peut dire encore, c'est qu'à un
moment, on avait conçu une bonne idée, c'était de
s'emparer de l'île Formose et des îles Pescadores ;
mais, pour ces conquêtes, il fallait prendre le plus
vite possible sur notre flotte toutes nos troupes employées au Tonkin, abandonner presque entièrement
cette partie du continent et descendre brusquement
et en grand nombre dans ces îles. Une fois maîtres
des ports de Formose, tous les Chinois du monde
n'auraient pu nous en chasser. C'eût été entre nos

mains une très bonne position pour profiter du commerce chinois et avoir, dans ces mers orientales, un territoire essentiellement français dont l'intérieur à la longue se serait soumis à nos lois. On dit ce pays très difficile ; mais, pour nous, quand les indigènes n'ont pas de voisins, il est très facile d'en triompher. Dans tous les cas, ce ne serait pas plus impossible qu'aux îles Philippines que les Espagnols sont heureux de posséder depuis 1521. Cet archipel leur rappelle toujours l'illustre Magellan, et nous, nous n'aurons plus ni Formose, ni les Pescadores pour nous rappeler le souvenir de celui qui, avec des troupes mal employées ailleurs, les eût si facilement conquises : l'amiral Courbet.

Il eût été intéressant d'avoir sur le chemin d'Orient, l'Algérie et la Tunisie dans la Méditerranée, Obock dans la mer Rouge, Madagascar dans la mer des Indes, les îles du marquis de Rays en Océanie et, enfin, les îles Formose et Pescadores dans les mers de la Chine et du Japon. C'était relever et porter haut la marine française ; c'était offrir à l'ombre de notre drapeau de sûrs asiles, des escales puissantes, écartant la piraterie. A la place de ces points d'attache, je ne crois pas que nous gardions jamais le Tonkin qui est presque entouré, même en mer, où il est caché par l'île de Haïnan, ni dans l'immense pays de Cochinchine qui, si nous battons les Orientaux, nous mettra bien vite en concurrence avec les Anglais venant défendre le royaume de Siam, et par la Birmanie cherchant déjà à nous ravir le commerce du haut du fleuve Rouge.

Chers lecteurs, si vous voulez m'en croire, lorsqu'en votant, nous intervenons dans les affaires de notre pays, ne laissons pas décider les événements par des gens qui ne se sont jamais occupés de ce qu'ils ont à régir. Montrons une bonne fois que le matérialisme ne se dirige que par le spiritualisme, et rejetons bien loin l'idée contraire, trop employée aujourd'hui, que le matérialisme peut diriger le spiritualisme.

Quenet, 1er septembre 1885,

ÉVREUX. — IMPRIMERIE DE CH. HÉRISSEY.